WHITE STAR KIDS

SEI STARK, LASS DICH NICHT ÄRGERN!

MACH'S WIE DIE HELDEN AUS DEN MÄRCHEN!

ILLUSTRATIONEN VON DAVIDE ORTU
TEXTE VON ELEONORA FORNASARI

INHALT

ES WAR EINMAL EINER, DER ALLE TYRANNISIERTE 4

DER RIESE IN *DER KLEINE DÄUMLING* 6

CINDERELLAS STIEFSCHWESTERN 10

DIE HERZKÖNIGIN 14

SHIR KHAN 18

DER WOLF AUS *DIE DREI KLEINEN SCHWEINCHEN* 22

DIE BRÜDER DES HÄSSLICHEN KLEINEN ENTLEINS 26

DIE BÖSE HEXE DES WESTENS 30

DER FUCHS UND DER KATER AUS *PINOCCHIO* 34

SCHNEEWITTCHENS BÖSE STIEFMUTTER 38

TINKERBELL 42

DIE ZAUBERIN IN *RAPUNZEL* 46

DAS BIEST 50

GOLDLÖCKCHEN 54

DER WOLF IN *ROTKÄPPCHEN* 58

WAS, WENN DU SELBST DER TYRANN BIST? 62

WENN JEMAND ANDERS DAS OPFER IST 63

ES WAR EINMAL EINER, DER ANDERE TYRANNISIERTE ...

WIE BITTE? SOGAR IM MÄRCHEN GIBT ES SOLCHE LEUTE? ABER SICHER!

Auf den folgenden Seiten wirst du viele Arten von Märchen-Mobbern kennenlernen! Wir werden herausfinden, warum sie sich so gemein verhalten und was sie so gemein macht. Manchmal unterscheiden sich eifersüchtige Zauberinnen, wütende Riesen und bedrohliche Wölfe gar nicht so sehr von den Tyrannen, die einem in der Schule, im Park, auf dem Fußballplatz oder im Internet das Leben schwer machen.

Aber in der echten Welt musst du vorsichtig sein. Weißt du, wie du einen Mobber erkennst? Ist deine Cousine, die sich einfach deine Spielsachen nimmt, eine Mobberin? Auch wenn es im Moment vielleicht nicht viel hilft, können wir nur sagen: vielleicht.

MOBBER SCHIKANIEREN MENSCHEN, DIE IN IHREN AUGEN SCHWÄCHER ODER ANDERS SIND ALS SIE. Das kann den Körper betreffen (z.B. wenn jemand kleiner ist als sie oder eine Brille trägt) oder die Persönlichkeit (wenn jemand vielleicht schüchtern ist oder andere Interessen hat).

Sobald solche Mobber ihr Opfer gefunden haben, sagen sie zu ihm verletzende Dinge, stehlen seine Sachen und werden manchmal sogar gewalttätig.

Mobber wollen andere verletzen, indem sie sie zu unangenehmen Dingen zwingen, sie verhöhnen und lächerlich machen oder ihr Vertrauen und ihre Freundschaft ausnutzen. DAS PROBLEM IST, DASS MOBBER SCHWER ZU ERKENNEN SIND!

Dabei können uns Märchen helfen. Einige Märchen in diesem Buch wirst du kennen, andere sind vielleicht neu für dich. Versuche bei jedem Märchen, den Mobber zu identifizieren und herauszufinden, wie der Held mit ihm umgeht. Blättere weiter und beginne mit deinem Anti-Mobbing-Training!

DER RIESE IN *DER KLEINE DÄUMLING*

„MMMMMMH . . . ICH RIECHE MENSCHENFLEISCH!"

Erkennst du diese Furcht einflößende Stimme? Sie gehört dem Riesen aus dem Märchen *Der kleine Däumling*! Er ist riesig, gemein, gierig und HAT STÄNDIG HUNGER AUF ÄNGSTLICHE, HILFLOSE KINDER! Er riecht sie über Kilometer hinweg, wie ein Wolf im Wald seine Beute.

Eines Tages, als er sehr hungrig nach Hause kam, bemerkte er den Geruch von Kindern, die sich in der Nähe versteckten. Die Frau des Riesen hatte nämlich einen Jungen und seine sechs Brüder aufgenommen. Der Junge hieß Däumling, weil er so klein war wie ein Daumen. Die Kinder hatten sich im Wald verlaufen und waren auf der Suche nach Hilfe zum Haus des Riesen gekommen. Der Unhold war hocherfreut darüber, dass sich Kinder in seinem Haus versteckten, denn sie waren seine Lieblingsspeise.

ABER DER KLEINE DÄUMLING WUSSTE SICH ZU WEHREN!

Zwar war der Riese sehr groß und er selbst sehr klein, doch der Däumling geriet nicht in Panik. Er merkte nämlich, dass der Riese all seine Kraft nur seinen Zauberstiefeln verdankte. Wenn es ihm gelänge, dem Riesen seine Stiefel wegzunehmen, könnte er seine Brüder (und sich selbst!) davor bewahren, verspeist zu werden.

Kurz gesagt: DER RIESE WAR GROSS UND GEMEIN, ABER DER DÄUMLING WAR KLEIN UND KLUG!

BESCHREIBUNG EINES UNHOLDS

Der Menschenfresser in *Der kleine Däumling* ist ein klassischer Mobber.

ER NUTZT SEINE KÖRPERGRÖSSE UND SEINE KRAFT, UM ANDERE EINZUSCHÜCHTERN!

Diese Art von Tyrann mag groß und muskulös sein, tief drinnen ist er aber wahrscheinlich weniger mutig, als er scheint. Überlege mal: SOLCHE MOBBER MÖGEN NUR LEICHTE SIEGE! Deswegen piesacken sie Leute, die kleiner und jünger sind als sie. Wenn sie wirklich selbstbewusst wären, müssten sie das nicht tun, um sich stark zu fühlen.

KLEIN, ABER CLEVER!

Der Däumling könnte den Menschenfresser niemals körperlich besiegen. Wie verteidigt er sich also? Er ist schlauer! Auch du kannst clever sein. Wenn dir das nächste Mal ein Mobber (oder eine Mobberin) begegnet, BEOBACHTEST DU IHN, UM SEINE ANGEWOHNHEITEN HERAUSZUFINDEN. Weißt du zum Beispiel, wo er sich immer aufhält, dann meidest du diese Orte. So hat der Mobber weniger Gelegenheit, gemein zu dir zu sein. Sei wie der Däumling: BESONNEN UND KLUG!

WENN DU EINEN UNHOLD KENNST:

- Kämpfe nicht. Du könntest verletzt werden, und wenn du allein bist, kann der Mobber auch noch dir die Schuld an dem Kampf geben, um dich in Schwierigkeiten zu bringen.
- Auch wenn du Angst hast, zeige es nicht. Wenn der Mobber in deiner Nähe ist, ATME TIEF EIN UND AUS UND BLEIBE RUHIG. Das ist natürlich nicht einfach, aber Mobber lieben es, wenn man auf sie reagiert. Wenn du ruhig bleibst, merkt der Mobber vielleicht, dass er seine Zeit mit dir verschwendet.
- Wenn der Mobber dich weiterhin quält oder dir sogar wehtut, ERZÄHLE ES EINEM ERWACHSENEN (deinen Eltern, einem Lehrer, einem älteren Freund usw.). DENKE DARAN: ANDERE STEHEN DIR BEI!

CINDERELLAS STIEFSCHWESTERN

ANASTASIA UND DRISELLA: TYPISCHE MOBBERINNEN!

Cinderellas boshafte Stiefschwestern machten ihr das Leben schwer. Der Name „Cinderella" kommt vom italienischen Wort „cenere", das „Asche" oder „Schlacke" bedeutet. *Mach den Ofen sauber! Putz auch ja die ganze Asche weg!*

Auch wenn Cinderella ihren Spitznamen nicht leiden konnte, beklagte sie sich nie. Im Haus ihrer grausamen Stiefmutter hatte sie alle Hände voll zu tun. *Geh in den Keller, Cinderella! Wisch den Boden! Bügle mein Kleid! Bring mir Frühstück ans Bett! Los, Cinderella! Beeil dich!*

Ihre Stiefschwestern quälten sie regelrecht, nutzten jede Gelegenheit, sie zu kränken oder zu demütigen, während Cinderella für sie schuftete.

Die beiden Stiefschwestern träumten davon, Prinzen zu heiraten und echte Prinzessinnen zu werden. Und weil sie eifersüchtig auf Cinderellas Schönheit waren (der auch die Asche in ihrem Gesicht nichts anhaben konnte), TATEN SIE ALLES, WAS IN IHRER MACHT STAND, UM ZU VERHINDERN, DASS SIE ZUM BALL IM SCHLOSS GING! Sie wollten nicht, dass der Prinz sie sah und sich in sie verliebte. Aber genau das geschah, dank Cinderellas GUTER FEE.

BOSHAFTE SCHWESTERN

Cinderellas Stiefschwestern sind das perfekte Beispiel für

MOBBERINNEN, DIE SICH ZUSAMMENTUN,
UM ANDERE FERTIGZUMACHEN!

Im Märchen verwenden sie gemeine Namen und Beleidigungen für Cinderella. Sie schließen Cinderella aus, weil ihre Kleidung immer schmutzig ist. Sie halten zusammen, damit Cinderella sich nicht gegen sie wehren kann. Ihr Zusammenhalt gibt ihnen immer wieder neue Möglichkeiten, sich der armen Cinderella überlegen zu fühlen.

STÄRKE DURCH ÜBERZAHL

Mobber schließen sich oft zusammen. So haben sie Unterstützung, wenn sie andere fertigmachen wollen. Haben sie einmal mit diesem Verhalten angefangen, kann es schwer für sie sein, wieder aufzuhören, da sie nicht wollen, dass ihre Gruppe sie ausschließt oder sich über sie lustig macht.

Wenn du das Gefühl hast, dass es einem Mobber unangenehm ist, wie sich seine Gruppe verhält, VERSUCHE MIT IHM ALLEIN ZU SPRECHEN. Erkläre, wie du dich fühlst. Wenn der oder die andere dich versteht, wird er oder sie vielleicht den Rest seiner Gruppe dazu bringen, weniger auf dir herumzuhacken.

Wenn sich die Dinge nicht ändern, sollte der- oder diejenige sich eine neue Gruppe suchen. ES GIBT GENUG ANDERE KINDER, MIT DENEN MAN BEFREUNDET SEIN KANN!

FÜHLST DU DICH WIE CINDERELLA?

Wenn auch dir lästige „Stiefschwestern" im Nacken sitzen, hier ein kleiner Rat:

- Vermeide es nach Möglichkeit, mit ihnen allein zu sein. Sorge dafür, dass ein Lehrer oder eine andere erwachsene Person zugegen ist. WENN EINE GRUPPE DICH SCHIKANIERT, BEGIB DICH IN DIE NÄHE EINES ERWACHSENEN. Diese Art von Tyrannen überlegt es sich in der Regel zweimal, bevor sie andere in Gegenwart von Autoritätspersonen niedermacht.

- Gefallen dir ihre gemeinen Spitznamen nicht? Fühlst du dich dadurch schlecht? Auch wenn es dir schwerfällt – gib dein Bestes, sie zu ignorieren. TYRANNEN LIEBEN ES, WENN IHRE WORTE ANDERE VERLETZEN. Wenn du ihnen zeigst, dass du stark bist, werden sie nicht wissen, was sie noch tun sollen. Trage deinen Kopf hoch. Wende dich anderen Kindern zu. Zeige den Tyrannen, dass ihre Worte keine Macht über dich haben.

DIE HERZKÖNIGIN

„AB MIT DEM KOPF!"

Das ist der Lieblingssatz der Herzkönigin. Wenn sie vorbeispaziert, zittern alle vor Angst! RETTE SICH, WER KANN, HIER KOMMT DIE BÖSE HERZKÖNIGIN!

Als Alice eines Tages versuchte, sich im WUNDERLAND zurechtzufinden, und dabei einem KANINCHEN IN EILE, einem VERRÜCKTEN HUTMACHER und einer GRINSEKATZE begegnete, gelangte sie in einen schönen Garten. Dort bemühten sich seltsame Gärtner hektisch, alle weißen Rosen rot zu streichen: *„Wenn die Königin herausfindet, dass wir Rosen der falschen Farbe gepflanzt haben, lässt sie uns die Köpfe abschlagen!"*, erklärten die Gärtner Alice mit vor Angst bebender Stimme. Kurze Zeit später kam die Königin. Sie wünschte Krocket zu spielen. Als während des Spiels einige ihrer Untertanen mit ihr zu streiten begannen, bellte sie:

„Ab mit den Köpfen all jener, die mir widersprechen!"

Dann wurde sie zornig auf den armen Herzbuben, den sie beschuldigte, eines ihrer Törtchen gegessen zu haben. Bei seiner Gerichtsverhandlung rief sie Alice in den Zeugenstand, aber diese wusste nichts, sie war ja gerade erst angekommen!

„Ab mit ihrem Kopf!", kreischte die Königin zornig.

Alice konnte zum Glück aus dem Garten fliehen und sah die schreckliche Königin nie wieder!

EINE TYRANNIN AN DER MACHT

Die Herzkönigin ist es gewohnt, andere herumzukommandieren. Niemand wagt es, ihr etwas abzuschlagen. WER IHR WIDERSPRICHT, WIRD BESTRAFT, UM ALLEN ANDEREN ANGST EINZUJAGEN. Tyrannen dieser Art scheinen sehr beliebt zu sein, weshalb sie glauben, dass alle so sein wollen wie sie. Sie sind von vielen „Untertanen" umgeben, die ihren Befehlen sofort Folge leisten. Sie verhalten sich wie kleine Könige oder Königinnen und kommandieren alle anderen herum.

Solche Tyrannen sind oft Klassensprecher, Kapitäne einer Sportmannschaft oder das Kind von jemandem, der gesellschaftlich eine Rolle spielt.

WAS WIRKLICH ZÄHLT

Tyranninnen wie die Herzkönigin scheinen alles zu haben: Macht und Beliebtheit. Aber sind die Menschen um sie herum wirklich ihre Freunde? Schließlich ist es schwer, jemanden zu mögen, der einem Angst einjagt. Denke daran: Freundschaft setzt EHRLICHKEIT UND VERTRAUEN voraus. Die Herzkönigin mag beliebt scheinen, aber wenn sie einen wahren Freund braucht, an wen kann sie sich wenden?

NIEDER MIT DER KÖNIGIN!

Wie geht man mit solchen Tyrannen am besten um?

ZEIGE IHNEN, DASS DIR IHRE „MACHT" EGAL IST.

Denkt der Tyrann, dass er besser ist als die anderen, weil er die Hauptrolle in der Schulaufführung spielt? Schön für ihn. Aber du bist glücklicher, wenn du im Chor singst. Hat er beim Rennen den ersten Platz belegt? Toll, aber dir ist es wichtig, Karate zu trainieren.

Suche dir Freunde, mit denen du dich gut verstehst und denen du vertrauen kannst. Irgendwann wird sich der Tyrann wundern, warum niemand mit ihm Zeit verbringen will. Er wird sein Verhalten vielleicht hinterfragen und eines Tages sogar ändern.

SHIR KHAN

HEBE DEINE HAND, WENN DU ANGST VOR TIGERN HAST!

Da sollte sich natürlich jeder melden! Vor allem, wenn der Tiger Shir Khan heißt. In der Geschichte *Das Dschungelbuch* ist Shir Khan der Erzfeind von Mogli, dem kleinen Jungen, der im Dschungel aufwächst.

Shir Khan ist stark, wild und schlau, aber wie jeder hat auch er seine Schwächen. Er hat Angst vor Menschen und vor Feuer, und er glaubt, dass alle Menschen seine Feinde sind.

Einmal, als der kleine Mogli ganz allein im Dschungel war, versuchte Shir Khan, ihn zu fangen. Zum Glück kam Mogli ein Rudel Wölfe zu Hilfe. Die Wölfe nahmen ihn auf und zogen ihn als einen der ihren auf. Voller Zorn versuchte Shir Khan noch viele Male, den Jungen zu entführen, hatte aber keinen Erfolg. Das heißt, bis zu dem Tag, an dem Mogli zufällig von seinen tierischen Freunden getrennt war. Wie sollte er es allein mit einer so wilden Bestie aufnehmen? Er erinnerte sich daran, dass er ein Mensch war und seinen Verstand nutzen konnte, um seinen Feind zu überlisten. Schnell entzündete er ein Feuer, das Shir Khan verscheuchte.

WEIL ER ANDERS WAR, BESIEGTE MOGLI SEINEN FEIND UND TRUG DAZU BEI, DEN DSCHUNGEL ZU BEFRIEDEN.

ANDERS SEIN

Shir Khan behauptet, der Herr des Dschungels zu sein, und verachtet Mogli, nur weil er ein Mensch ist. Er verhält sich wie solche Rüpel, die andere beleidigen und hänseln, weil sie eine andere Hautfarbe haben oder eine andere Sprache sprechen. SIE HABEN ANGST VOR UNTERSCHIEDEN und verpassen so die Chance, neue Freunde zu finden und neue Dinge zu lernen.

DU UND NUR DU

Machen sich solche Rüpel über die Form deiner Augen lustig? Behaupten sie, du hättest einen komischen Akzent? Wirst du gehänselt, weil deine Familie woanders herkommt?

SEI STOLZ DARAUF, WO DU HERKOMMST!

Schäme dich nicht und lass dich durch ihre Worte nicht verletzen. Halte dir vor Augen, dass du Qualitäten hast, die andere nicht haben. Diese Qualitäten machen dich einzigartig!

ANDERS?
EHER INTERESSANT!

- Verwandle das, was dich von den anderen unterscheidet, in eine Stärke. Sprichst du Arabisch? Kennst du die Namen aller Sportler deines Lieblingssports? Kommt deine Familie aus einem anderen Land mit anderen Traditionen? Bist du Film- oder Musikexperte? Solche Dinge machen dich für andere interessant und können dir helfen, neue Freunde zu finden.

- VERSUCHE, GEMEINSAME INTERESSEN UND AKTIVITÄTEN MIT DENEN ZU FINDEN, DIE DICH HÄNSELN. Vielleicht mögt ihr Basketball oder vielleicht mögt ihr die gleichen Schulfächer nicht. Zeige den Mobbern, dass du zwar in mancher Hinsicht anders bist, in vielen anderen Dingen aber auch ähnlich. Dann erkennen sie vielleicht, dass Unterschiede nichts sind, wovor man sich fürchten muss.

DER WOLF AUS *DIE DREI KLEINEN SCHWEINCHEN*

TRAUE IN DER MÄRCHENWELT NIEMALS EINEM WOLF!

Insbesondere nicht dem großen bösen Wolf aus der Geschichte *Die drei kleinen Schweinchen*. Dem Wolf machte es Spaß, die kleinen Schweinchen zu quälen, und er drohte, ihre Häuser wegzupusten, von denen eines aus Stroh, eines aus Holz und eines aus Ziegeln war.

„Liebes, gutes kleines Schwein, lass mich doch zu dir hinein. Wenn nicht, werde ich strampeln und trampeln, husten und prusten und dir dein Haus zusammenpusten", rief der Wolf vor jedem der drei Häuser. Aber die kleinen Schweinchen ließen sich nicht verängstigen. Der Wolf pustete und prustete und zerstörte die Häuser aus Stroh und Holz. Aber das Ziegelhaus blieb stehen! Der Wolf blies und pustete, so gut er konnte, aber das Ziegelhaus rührte sich einfach nicht. Der Wolf dachte, er sei schlau, und beschloss, durch den Schornstein hineinzuklettern. Doch zu seinem Pech hatten ihn die drei kleinen Schweinchen überlistet. Sie hatten im Kamin ein schönes Feuer gemacht! Der Wolf verbrannte sich den Schwanz, als er im Kamin steckte, und wie ihr euch denken könnt, belästigte er die Schweinchen nie wieder!

ZUSAMMENHALT MACHT STARK

Will ein Tyrann, dass du ihm dein Geld gibst? Oder dein Handy oder etwas von deinem Essen? Droht er, dir wehzutun, wenn du jemandem davon erzählst?

DENKE DARAN, DASS DER TYRANN DIR ANGST MACHEN WILL.

Es ist wichtig, dass du dich nicht einschüchtern lässt. SPRICH SOFORT MIT JEMANDEM DARÜBER. Dazu gehören auch deine Freunde: Vielleicht werden auch sie schikaniert und haben Angst, darüber zu reden (genau wie du!). WENN IHR EUCH DEM PROBLEM GEMEINSAM STELLT, WIRD ES KLEINER, und ihr könnt dann mit anderen darüber reden, beispielsweise mit einem Lehrer oder einem Elternteil.

Die drei kleinen Schweinchen wussten, dass sie den Wolf nur besiegen konnten, wenn sie zusammenhielten. Denke daran, wenn du das nächste Mal von jemandem schikaniert wirst.

EIN WOLF! EIN WOLF!

Der große böse Wolf ist die Art von Tyrann, die es genießt, andere zu bedrohen oder zu quälen. Am Anfang tut er freundlich, aber früher oder später zeigt er sein wahres Gesicht. Sein eigentliches Ziel ist es, gemein und aggressiv zu sein und sich dadurch mächtig zu fühlen. Das Ergebnis?

ALLE HABEN ANGST VOR IHM
UND FÜHLEN SICH HILFLOS.

WENN DER WOLF EINFACH NICHT AUFHÖRT

WEISST DU, WAS FÜR EINEN TYRANNEN DAS GRÖSSTE IST? In den meisten Fällen will er erreichen, dass du ihn fürchtest.
So gehst du mit dem Problem um:

- Versuche, immer jemanden in der Nähe zu haben (ein Geschwister oder einen Freund), der größer ist als er. Du wirst sehen, dass er es sich zweimal überlegt, dich zu schikanieren!
- Wenn keine „Leibwächter" da sind, um dir beizustehen, hab keine Angst. Achte nur darauf, dass andere in der Nähe sind. Das wird dir Mut machen, ruhig zu bleiben, wenn sich der Tyrann nähert, und ihn zu ignorieren. Konzentriere dich einfach auf das, was du gerade tust. Das wird dem Übeltäter den Spaß verderben.

DIE BRÜDER DES HÄSSLICHEN ENTLEINS

WUSSTEST DU, DASS DAS HÄSSLICHE ENTLEIN BRÜDER HATTE?

Es waren kleine, kugelrunde Entenküken mit weichem, gelbem Flaum. Das hässliche Entlein sah überhaupt nicht aus wie sie. Sein Körper hatte eine andere Form, und seine Federn waren grau. Seine Brüder machten sich über das Entlein lustig und taten, als ob sie etwas Besseres wären. Sicher, sie sahen niedlich aus, aber in ihren Herzen waren sie gemein und böse!

„Was für ein Monster!
Es ist groß wie ein Truthahnküken!
Das kann nicht unser Bruder sein!"

Im Teich schwammen sie dem hässlichen Entlein immer davon. Wenn es versuchte, sich ihnen anzuschließen, sagten sie gemeine Dinge.

„Vielleicht erwischt dich ja die Katze!
Geh weg, hässliches Entlein!"

In seinem Unglück beschloss das hässliche Entlein fortzugehen. Nach vielen traurigen Erlebnissen erblickte es eines Tages sein Spiegelbild im Wasser UND ENTDECKTE, DASS ES GAR KEIN ENTLEIN WAR. ES WAR EIN WUNDERSCHÖNER SCHWAN GEWORDEN!

Welche Überraschung! Er war groß, hatte weiß schimmernde Federn und einen langen, eleganten Hals.
Und seine Brüder?
Sie waren einfache Enten, an die sich heute niemand mehr erinnert.

SCHWIMME GEGEN DEN STROM!

Unterscheidet sich dein Körper von dem der anderen? Trägst du eine Brille oder hast du eine Zahnspange? FÜHLST DU DICH MANCHMAL WIE EIN HÄSSLICHES ENTLEIN? Machen sich deine Klassenkameraden darüber lustig, wie du aussiehst, dich anziehst oder dich frisierst?

Und sehen deine Klassenkameraden aus, als würden sie alle das Gleiche tragen, wie eine Uniform? Was ist so besonders daran, so zu sein wie die Masse?

DENKE DARAN: AUF UNSERE EIGENE, INDIVIDUELLE ART SIND WIR ALLE SCHÖN.

Das macht uns so interessant und besonders!

VERGISS NICHT: ES IST IMMER BESSER, MAN SELBST ZU SEIN ALS EINE KOPIE VON JEMAND ANDEREM.

EIN SCHNATTERNDER SCHWARM

Die Geschwister des hässlichen Entleins sind alle gleich und haben nicht viel Persönlichkeit. Sie halten sich für etwas Besseres, weil sie immer zusammen sind. Sie wissen nicht einmal, was Schwäne sind! Tyrannen sind genauso: Sie machen sich über jeden lustig, der anders ist, ohne ihn zu kennen. So verpassen sie vieles, auch die Chance zu entdecken, dass Vielfalt die Welt schön macht.

ABER WAS, WENN DU AUSGESCHLOSSEN WIRST?

- Wenn die Tyrannen sich weigern, in dir den Schwan zu sehen, der du bist, dann verdienst du bessere Freunde. SUCHE DIR FREUNDE, DIE SICH SELBST SO AKZEPTIEREN, WIE SIE SIND, mit allen Vorzügen und Fehlern. Gemeinsam werdet ihr erleben, was jeden Menschen einzigartig macht, und werdet dadurch alle stärker und weiser.

- Wenn sich Tyrannen über dich lustig machen, LACHE SIE EINFACH AUS. EINE SOLCHE REAKTION WIRD SIE UMHAUEN!

DIE BÖSE HEXE DES WESTENS

BEI HEXEN BEKOMMEN WIR GÄNSEHAUT!

Einer der gemeinsten Quälgeister von allen war die Böse Hexe des Westens, der Dorothy im Land Oz begegnete. Die Hexe hatte nur ein Auge, mit dem sie aber jeden überall sehen konnte – egal wie weit er entfernt war. Als nun Dorothy, ihr kleiner Hund Toto, der Feige Löwe, die Vogelscheuche und der Blechmann den Machtbereich der Hexe betraten, da wusste diese bereits, dass sie kommen würden.

Sie selbst blieb in ihrem Palast. Sie schickte ein Rudel Wölfe, einen Schwarm Krähen, einen Bienenschwarm und eine ganze Armee los, um die Gruppe gefangen zu nehmen, doch Dorothy und ihre Freunde konnten entkommen. Daraufhin befahl die Hexe ihren geflügelten Affen, die Gruppe anzugreifen. Die Affen siegten und nahmen Dorothy gefangen, doch die gab sich nicht geschlagen. Sie konnte sich befreien und die geflügelten Affen dazu überreden, ihr und ihren Freunden zur Flucht zu verhelfen.

CYBER-FEIGLINGE

Die Böse Hexe des Westens schickt ihre treuen Diener aus, um Dorothy anzugreifen. Sie selbst verschanzt sich hinter den schützenden Mauern ihres Palasts. Statt die Dinge persönlich zu erledigen, VERSUCHT SIE, ALLES AUS DER FERNE ZU KONTROLLIEREN.

Genauso verhalten sich Cybermobber. Sie belästigen und beleidigen ihre Opfer im Internet – in den sozialen Medien oder per Direktnachrichten. Ihr Palast ist das Internet, das es ihnen ermöglicht, anonym zu bleiben. Sie sind, mit anderen Worten, noch feiger als der Feige Löwe!

IM CYBERMOBBING-INTERNET

Hat ein Cybermobber ein Bild von dir für einen „Scherz" benutzt? Hat jemand etwas Negatives über dich im Internet gepostet oder dir gedroht? Auch wenn du nicht weißt, wer der Täter ist, solltest du deinen Eltern erzählen, was passiert ist. Hab keine Angst! MENSCHEN ZU BELEIDIGEN ODER IHRE FOTOS OHNE ERLAUBNIS ONLINE ZU VERÖFFENTLICHEN IST MOBBING, auch wenn das den Tätern (und ihren Opfern) nicht immer bewusst ist!

ZIEH FÜR EINE WEILE DEN STECKER

- Versuche, dich eine Zeit lang vom Internet und von Computern fernzuhalten. Früher oder später wird dem Mobber langweilig und er wird dich in Ruhe lassen. DENKE DARAN: MAN KANN DIE ONLINE-WELT AUSSCHALTEN, GENAU WIE EINE LAMPE! Manchmal ist Ausschalten der beste Weg, um eine negative Erfahrung zu beenden.
- Oder mach es Dorothy und den geflügelten Affen nach: Nutze die Sicherheitswerkzeuge des Internets, um zu fliehen! Wenn dich also jemand online beleidigt oder ärgert, was kannst du dagegen tun?

BLOCKIERE DEN MOBBER SOFORT ODER MELDE IHN DEM BETREIBER DER WEBSITE ODER DER SOCIAL-MEDIA-PLATTFORM, UM SEINEM SCHÄDLICHEN VERHALTEN EIN ENDE ZU SETZEN.

DER FUCHS UND DER KATER AUS *PINOCCHIO*

DER FUCHS UND DER KATER SIND ZWEI UNVERBESSERLICHE SCHWINDLER AUS DEM BUCH *DIE ABENTEUER DES PINOCCHIO.*

Der Kater täuscht vor, blind zu sein. Der Fuchs täuscht vor zu humpeln. Doch in Wirklichkeit sind die beiden kerngesund. Sie sitzen den ganzen Tag herum und halten Ausschau nach Leuten, die sie dazu bringen können, ihnen ihr Geld zu geben.

Als Pinocchio einmal mit glänzenden Münzen in der Hand an ihnen vorbeiging (das Geld hatte sein Vater Geppetto ihm für Schulbücher gegeben), taten die beiden sehr freundlich und überredeten ihn, mit ihnen in die nächste Stadt zu gehen. Dort sagten sie zu Pinocchio, er solle seine Münzen in der Erde vergraben.
„Pflanze deine Münzen hier ein, dann hast du morgen einen Baum voller Geld!", behaupteten sie.

Pinocchio traute seinen hölzernen Ohren kaum: Der Baum würde ihn reich machen! Er beschloss, seinen neuen Freunden zu glauben, und vergrub seine Münzen in einem Feld, das die beiden „Feld der Wunder" nannten. Als er am nächsten Tag wieder zu der Stelle kam, musste er feststellen, dass seine Münzen weg waren! Sie waren sogar sehr weit weg, nämlich in den gierigen Pfoten des Fuchses und des Katers, die ihn nach allen Regeln der Kunst hereingelegt hatten!

GIERIGE SCHURKEN

Der Fuchs und der Kater waren zwei schlaue Kerle. Sie wussten genau, wie sie Pinocchio glauben machen konnten, seine Freunde zu sein. Und als sie sein Vertrauen gewonnen hatten, legten sie ihn herein und stahlen ihm seine Münzen.

SOLCHE SCHURKEN WIRKEN NETT UND FREUNDLICH. IN DER REGEL SIND SIE SEHR VORSICHTIG, DAMIT MAN IHRE WAHREN ABSICHTEN NICHT ERRÄT.

Lügen ist ihre zweite Natur. Sie geben sich unschuldig, um keine Schwierigkeiten zu bekommen.

SEI WACHSAM, PINOCCHIO!

Manche tun so, als wären sie deine besten Freunde, kommen aber nur, um mit deinen Spielsachen zu spielen. Sie bitten dich um Hilfe beim Lernen, wollen aber nur deine Hausaufgaben abschreiben. Sie leihen sich Geld von dir und zahlen es nie zurück.

Vielleicht kennst du auch einen Fuchs und einen Kater. Sind sie wirklich deine Freunde? Sei vorsichtig: Vielleicht wollen sie dich nur ausnutzen.

SEI WACHSAM UND SCHENKE DEIN VERTRAUEN NUR DEN MENSCHEN, DIE ES WIRKLICH VERDIENEN.

FALSCHE FREUNDE

- Lass dich von solchen Abstaubern nicht einschüchtern. Denke daran: Wahre Freunde akzeptieren es, wenn du Nein sagst. Hast du von jemandem den Eindruck, dass er nur dein Freund ist, wenn du ihm etwas gibst, dann ist er definitiv nicht dein Freund!

- Wenn du merkst, dass jemand dich ausnutzt, versuche, ehrlich und offen mit ihm zu reden. Erkläre dieser Person, dass solch ein Verhalten falsch ist, unc beobachte, wie sie reagiert. Höchstwahrscheinlich wird sie erkennen, dass sie ertappt wurde, und dich in Ruhe lassen. Wenn sie deine Ehrlichkeit schätzt und versuchen möchte, sich zu bessern, hört sie vielleicht auf, Dinge von dir haben zu wollen, und wird tatsächlich ein echter Freund.

- Wenn du merkst, dass einer deiner Freunde ausgenutzt wird, warne ihn! Diese Art von Mobbing ist oft schwer zu erkennen. Deinem Freund ist vielleicht gar nicht bewusst, dass das gerade mit ihm geschieht!

SCHNEEWITTCHENS STIEFMUTTER

„SPIEGLEIN, SPIEGLEIN AN DER WAND,
WER IST DIE SCHÖNSTE IM GANZEN LAND?"

Weißt du, wer diese berühmte Frage gestellt hat? Richtig! Die böse Königin, die grausame Stiefmutter von Schneewittchen! Normalerweise antwortete der Zauberspiegel: „Ihr seid es, meine Königin." Doch eines Tages sagte er plötzlich etwas anderes: „Schneewittchen ist jetzt die Schönste in diesem Land!" Das erzürnte die böse Königin, und sie befahl ihrem Jäger, Schneewittchen zu töten. Aber der Jäger wollte niemandem wehtun. Er ließ Schneewittchen in den Wald fliehen. Als die Königin das herausfand, beschloss sie, die Sache selbst in die Hand zu nehmen. Sie verkleidete sich als alte Frau und „besuchte" Schneewittchen in der Hütte der sieben Zwerge, wo diese sich versteckte. Zuerst bot die böse Königin dem Mädchen ein Korsett an, das so eng war, dass es darin fast erstickte. Dann gab sie ihm einen in Gift getränkten Kamm. Als diese Tricks nicht funktionierten, gab sie der Prinzessin einen vergifteten Apfel. Schneewittchen biss hinein und fiel in einen tiefen Schlaf!

SCHNEEWITTCHEN WURDE VON DEN ZWERGEN GERETTET.
SIE HEIRATETE EINEN HÜBSCHEN PRINZEN UND LEBTE GLÜCKLICH
BIS ANS ENDE IHRER TAGE.

Und die böse Königin? Nun, es gibt sie immer noch.
Die Eifersucht lodert in ihr wie Feuer und
sie leidet unter ihrer eigenen Bosheit!

DIE BÖSESTE VON ALLEN

DIE BÖSE KÖNIGIN IST DIE KLASSISCHE TYRANNIN AUS EIFERSUCHT. Sie ist schön, will aber die ALLERSCHÖNSTE sein und sich deshalb an Schneewittchen rächen. Sie tut so, als würde sie es gut mit Schneewittchen meinen, und diese fällt darauf herein, weil sie nicht merkt, dass die alte Frau ihre verkleidete Stiefmutter ist. EIFERSUCHT BRINGT UNSERE SCHLECHTESTEN SEITEN ZUM VORSCHEIN.

WIE MAN EINE EIFERSÜCHTIGE PERSON ERKENNT

Woran erkennst du eifersüchtige Tyrannen? Oft sind es Personen, die sich als Freunde ausgeben, sich aber nie für dich freuen, wenn du ein persönliches Ziel erreichst, einen Preis gewinnst, ein neues Spielzeug bekommst oder in der Schule eine gute Note erhältst.

WEISST DU, WARUM? WEIL SIE SICH WÜNSCHEN, AN DEINER STELLE ZU SEIN!

Warum auch immer sie eifersüchtig sind, lass dich davon nicht unterkriegen. BLEIBE EINFACH RUHIG.

FREUNDE SIND NICHT EIFERSÜCHTIG AUFEINANDER

Eifersucht tut jedem weh, auch den Menschen, die sie spüren.

Wie reagiert man am besten auf Angriffe von Tyrannen wie der bösen Königin? Versuche, ihren Blick darauf zu lenken, dass das, was sie haben, schön ist. Dazu gehören ihre Talente, ihre persönlichen Qualitäten, ihre Schulnoten usw. Hilf ihnen zu sehen, dass sie genauso viel haben wie du. DAS LEBEN IST KEIN WETTBEWERB. FREUNDE SOLLTEN DAS GUTE IM LEBEN MITEINANDER TEILEN, STATT SICH DARUM ZU STREITEN! Wenn möglich, versuche, die Freundschaft neu zu beginnen, diesmal mit mehr Vertrauen!

Kommst du mit deiner Botschaft nicht an? Verletzt dich der Tyrann immer noch oder macht er dich traurig? Dann bleibe eine Weile auf Abstand. Sieh dich in der Zwischenzeit nach neuen Freundschaften um.

ECHTE FREUNDE SOLLTEN SICH MIT DIR FREUEN,
OHNE EIFERSÜCHTIG ZU WERDEN.

TINKERBELL

DER NAME TINKERBELL BEDEUTET „GLÖCKCHEN". WARUM HEISST TINKERBELL SO? WEGEN IHRER STIMME! WENN SIE SPRICHT, KLINGT SIE WIE EIN GLÖCKCHEN. NUR WER DIE FEENSPRACHE SPRICHT, KANN SIE VERSTEHEN!

In der Geschichte *Peter Pan* ist Tinkerbell die treue Gehilfin von Peter Pan. Obwohl manchmal schlecht gelaunt, ist sie meistens sehr freundlich und hilfsbereit gegenüber Peter und seinen Freunden.

Als Peter Pan Wendy und ihre Brüder überredete, mit ihm ins Nimmerland zu fliegen, wurde Tinkerbell eifersüchtig. Sie fürchtete, Peter würde Wendy mehr Aufmerksamkeit schenken als ihr! Während Peter Pan mit Captain Hook verhandelte, erklärte sich Tinkerbell bereit, auf Wendy aufzupassen. Doch sie ließ sie ganz allein. Sie ging zu den „verlorenen Jungs" und sagte zu ihnen (in der Feensprache):

„Ein Vogel namens Wendy wird kommen,
und Peter Pan will, dass ihr ihn abschießt!"

Die „verlorenen Jungs" holten Pfeil und Bogen und begannen, auf Wendy zu schießen, als sie sie sahen. Zum Glück konnte Wendy entkommen. Schließlich erkannte Tinkerbell, dass sie einen schrecklichen Fehler gemacht hatte. Sie lernte ihre Lektion und wurde Wendys Freundin!

WENN LÜGEN FLÜGEL BEKOMMEN

Tinkerbell war wirklich böse! Sie erzählte allen, Wendy sei ein Vogel, der vom Himmel geschossen werden müsse. Wenn also Wendy verletzt wurde (oder schlimmer!), würde nicht sie Ärger mit Peter bekommen.

MENSCHEN MIT BÖSEN ABSICHTEN SPRECHEN OFT HINTER DEM RÜCKEN IHRER OPFER ÜBER SIE UND VERBREITEN LÜGEN UND GERÜCHTE ÜBER SIE.

Leider bekommen Lügen schnell Flügel, fliegen weit und verletzen Menschen, genau wie kleine, spitze Pfeile.

LÜGENDE TYRANNEN

Kennst du jemanden, der gern böse Lügen über dich oder deine Freunde erzählt? Vielleicht hat jemand über dich erzählt, dass du Kopfläuse hast, dich nicht wäschst oder immer noch ins Bett machst. Oder jemand hat eine lächerliche Geschichte über deine Familie erfunden, die jeder in der Schule geglaubt hat.

Denke daran: WER DICH KENNT UND DICH MAG, WÜRDE SOLCHE LÜGEN NIEMALS GLAUBEN!

LÜGEN KÖNNEN VERSCHWINDEN!

- Es ist an der Zeit, das, was dich unglücklich macht, aus deinem System zu entfernen. Wie? INDEM DU AUFSCHREIBST, WIE DU DICH FÜHLST. Wenn du dich dadurch besser fühlst, schreibst du deine Gefühle jeden Tag in ein Notizbuch. Bringst du deine Probleme und Gedanken zu Papier, hilft dir das, sie zu verarbeiten. Zugleich wird dir klar, was du verbessern kannst.

- VERSUCHE, ZUSAMMEN MIT DER PERSON, DIE LÜGEN ODER GERÜCHTE ÜBER DICH ERZÄHLT HAT, WITZE DARÜBER ZU MACHEN.

  Damit zeigst du allen, dass du diese Worte nicht ernst nimmst und sie das auch nicht tun sollten.

- Denke daran, dass du dich nicht mit Leuten abgeben musst, die dich schikanieren. Meide sie möglichst. VERBRINGE LIEBER ZEIT MIT ECHTEN FREUNDEN. Wenn du deine Mobber zufällig triffst, lächle und tue so, als wäre nichts. Höchstwahrscheinlich wird ihnen bald langweilig, und sie lassen dich in Ruhe.

DIE ZAUBERIN IN *RAPUNZEL*

„RAPUNZEL, RAPUNZEL, LASS DEIN HAAR HERUNTER!"

Das sind die Worte der bösen Zauberin, die Rapunzel ihren Eltern wegnahm, als sie noch ein Baby war. Rapunzel wurde von der Zauberin aufgezogen, als ob sie ihre eigene Tochter wäre. Im Laufe der Jahre wuchs sie zu einer schönen jungen Frau heran. Die Zauberin sorgte sich, dass ein junger Mann sich in sie verlieben und versuchen könnte, sie mitzunehmen:
„Niemand darf sie sehen. Man könnte sie mir wegnehmen!"

Sie beschloss, Rapunzel in einen hohen Turm zu sperren, der weder Treppen noch Türen hatte – nur ein Fenster, durch das die Zauberin jeden Tag einstieg, nachdem sie an Rapunzels langem goldenen Zopf hinaufgeklettert war.

Eines Tages entdeckte ein Prinz Rapunzel im Turm. Er kletterte an ihrem Zopf nach oben und sprach mit ihr. Daraufhin bekam die Zauberin einen Wutanfall. Sie schnitt Rapunzel die langen Haare ab und verbarg das Mädchen tief im Wald, damit niemand es jemals finden würde. Doch dem Prinzen, der sich in Rapunzel verliebt hatte, gelang es, sie aufzuspüren. Er befreite sie und nahm sie mit in sein Königreich, wo die beiden glücklich und zufrieden lebten.

UND DIE ZAUBERIN? NUN, SIE WAR SO WÜTEND, DASS SIE SICH IN RAPUNZELS ALTEM TURM VERSCHANZTE. WER WEISS, OB SIE JEMALS WIEDER HERAUSKAM ...

KEINE FREUNDIN!

Die Zauberin in Rapunzel ist eine EIFERSÜCHTIGE, BESITZERGREIFENDE TYRANNIN. Sie will Rapunzel ganz für sich allein und behandelt sie wie einen Gegenstand, nicht wie einen Menschen. Sie versteckt Rapunzel in einem riesigen Turm und behauptet, es sei nur zu ihrem Besten. Aber die Zauberin ist die wahre Gefahr, denn aus Egoismus verhindert sie, dass Rapunzel ihr Leben lebt!

FREUNDSCHAFT = FREIHEIT

FÜHLST DU DICH VON EINER PERSON ERDRÜCKT, DIE DICH GANZ FÜR SICH ALLEIN HABEN WILL? WILLST DU MIT ANDEREN KINDERN SPIELEN, HAST ABER ANGST, DIESE PERSON ZU VERÄRGERN?

Solche „Ganz-oder-gar-nicht"-Freunde mögen es nicht, wenn man mit anderen spielt. Sie sagen dir vielleicht sogar, dass du dich von anderen Kindern fernhalten sollst oder dass sie dich nicht mehr als Freundin betrachten, wenn du noch andere Freundinnen hast. Ihr Verhalten ist fast schon Erpressung!

Diese Tyrannen wollen dir weismachen, dass sie die Einzigen auf der Welt sind, denen du etwas bedeutest. Sie wollen dir ein schlechtes Gewissen einreden, weil du selbst entscheiden willst, mit wem du dich triffst. Denke daran: ECHTE FREUNDE LASSEN DICH FREI ENTSCHEIDEN!

LASS DICH NICHT IN EINEN TURM SPERREN!

Wenn Freunde sich wie egoistische Tyrannen verhalten:

- Versuche, mit ihnen darüber zu sprechen. ERKLÄRE, DASS SIE DIR WICHTIG SIND, DU ABER AUCH GERN MIT ANDEREN ZUSAMMEN BIST. Erinnere sie daran, dass es dir freisteht, dich auch mit anderen Freunden zu treffen. Lass sie wissen, dass du es nicht magst, wenn sie dir sagen, was du tun sollst, oder kontrollieren wollen, mit wem du dich triffst. Vielleicht verstehen sie es dann und ändern ihr Verhalten. Wenn nicht, solltest du dich von ihnen befreien, genau wie Rapunzel, die den Fängen der bösen Zauberin entkommen ist!

- VERBRINGE NICHT DEINE GANZE ZEIT MIT EINEM EIFERSÜCHTIGEN TYRANNEN. Nimm dir Zeit für andere Freundschaften. Wenn du andere Kinder triffst, entdeckst du neue Interessen! Das ist ein wichtiger Teil des Lebens, und du solltest nicht darauf verzichten, nur weil ein Tyrann dich für sich allein haben will.

DAS BIEST

GROSS UND STARK, SPITZE REISSZÄHNE UND EIN WILDES BRÜLLEN.
GENAU, DAS IST DAS BIEST.

Eines Tages pflückte ein Händler im Garten eines Fremden eine Rose, um sie seiner jüngsten Tochter Belle zu schenken. Er wusste nicht, dass der Garten dem Biest gehörte. Dieses war erbost darüber, dass jemand es wagte, Rosen aus seinem privaten Garten zu stehlen, und beschloss, den Händler zur Strafe in seinem Palast einzusperren. Als Belle zum Palast kam, um ihren Vater zu befreien, verliebte sich das Biest in sie. Es war mit Belles Vorschlag, anstelle ihres Vaters im Palast gefangen gehalten zu werden, sofort einverstanden.

„Versprich mir, für immer hierzubleiben, und ich werde dir nichts tun!"

Belle versprach es. Anfangs war sie traurig. Sie vermisste ihre Familie, auch war das Biest immer schlecht gelaunt. Doch dann erfuhr sie, dass eine böse Zauberin dem Biest diese hässliche Gestalt gegeben hatte und der Zauber durch wahre Liebe gebrochen werden konnte. ZUM GLÜCK SAH BELLE ÜBER SEIN GRUSELIGES ÄUSSERES HINWEG UND VERLIEBTE SICH IN DAS BIEST. Der Bann war gebrochen, und das Biest verwandelte sich in einen freundlichen, hübschen Prinzen.

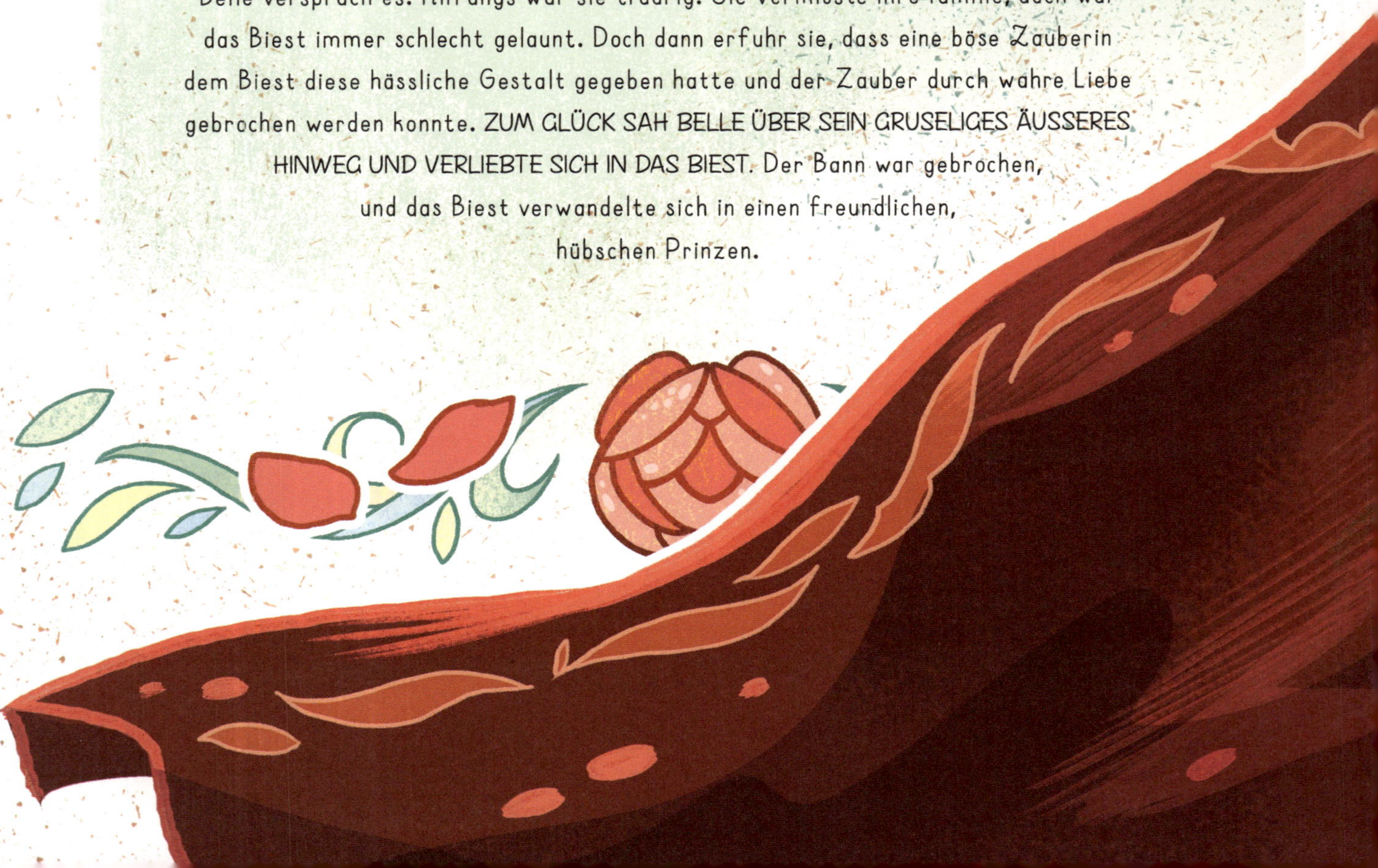

DAS BIEST IST UNGLÜCKLICH

DAS BIEST IST GEMEIN, WEIL ES UNGLÜCKLICH IST. Es möchte wieder ein Prinz sein, kann es aber nicht. Seinen Zorn lässt es an anderen aus. Es behandelt andere so, wie es selbst behandelt wurde. So geht es mit seinen Gefühlen um. Und das Ergebnis? Es ist unglücklich und furchtbar allein. Niemand will mit ihm zusammen sein. Alle haben Angst vor seiner Wut und seiner Wildheit.

DER SCHEIN KANN TÄUSCHEN: TYRANNISCHES VERHALTEN VERBIRGT INNERE SCHÖNHEIT!

Kennst du auch so jemanden? Vielleicht spürst du etwas Gutes hinter dessen furchterregender, tyrannischer Fassade. Wenn das so ist, musst du wissen, dass EINE SOLCHE PERSON SICH WAHRSCHEINLICH WIE EIN TYRANN VERHÄLT, WEIL SIE SELBST EINMAL OPFER VON TYRANNISCHEM VERHALTEN WAR. Sie wurde so, um sich zu schützen. Dieses Verhalten verhindert vielleicht, dass sie gemobbt wird, aber auch, dass sie echte Freunde findet.

Versuche, nett zu diesem Menschen zu sein. Zeige ihm, dass du hinter die Fassade schaust. Gib ihm zu verstehen, dass du keine Angst vor ihm hast und er sich dir gegenüber nicht unfreundlich zu verhalten braucht.

TYRANNEN-HILFERUF

- Versuche der tyrannischen Person zu zeigen, dass du es gut mit ihr meinst. Frage sie, wie es ihr geht. ZEIGE INTERESSE AN IHR UND GIB IHR ZU VERSTEHEN, DASS SIE NUR FREUNDLICHER SEIN MUSS, UM MEHR GESCHÄTZT ZU WERDEN. Lass sie wissen, dass sie auf dich zählen kann. Es ist möglich, dass sie noch nicht bereit für deine Freundschaft ist, sich mit der Zeit aber öffnen wird.

- Erkläre deinen Freunden, dass die tyrannische Person sich so verhält, weil sie unsicher ist und Freunde braucht. Wenn deine Freunde dir dabei helfen, diese Person an euren Aktivitäten teilhaben zu lassen, KÖNNT IHR GEMEINSAM VIELLEICHT DEN BÖSEN ZAUBER BRECHEN, DER SIE DAZU VERANLASST, SICH TYRANNISCH ZU VERHALTEN.

GOLDLÖCKCHEN

ERINNERST DU DICH AN GOLDLÖCKCHEN,
DIESES SÜSSE KLEINE BLONDE MÄDCHEN?

Als Goldlöckchen einmal im Wald spazieren ging, kam sie an ein Häuschen und klopfte an die Tür. Niemand antwortete, aber sie ging trotzdem hinein. Dort sah sie einen Tisch, auf dem drei Schüsseln mit Brei standen. Sie kostete von jeder, aber der Brei in der kleinsten Schüssel schmeckte ihr am besten. Danach setzte sie sich ins Wohnzimmer. Zwei der Stühle waren zu groß für sie, aber der dritte war genau richtig. Doch als sie sich darauf setzte, brach der Stuhl zusammen! Sie ging ins Obergeschoss, wo sie drei Betten fand. Das erste war zu hart, das zweite zu weich, aber das dritte war genau richtig! Goldlöckchen legte sich zum Schlafen hinein und dachte keinen Moment daran, dass sie nicht bei sich zu Hause war.

Kurz darauf kamen Papa Bär, Mama Bär und Baby Bär nach Hause. Jemand war in ihr Haus eingedrungen! Und der Eindringling hatte von ihrem Brei gegessen und einen ihrer Stühle kaputt gemacht!

Als sie Goldlöckchen schlafend in einem der Betten im Obergeschoss fanden, wurden sie wütend und verscheuchten sie. *„Hilfe, Hilfe!"*, rief Goldlöckchen, rannte aus dem Haus und kehrte nie wieder zurück.

EINE VERWÖHNTE EGOISTIN

Goldlöckchen mag wie ein süßes kleines Mädchen aussehen, BENIMMT SICH ABER WIE EINE VERWÖHNTE EGOISTIN. Sie dringt in das Haus der Bären ein und benutzt einfach ohne Erlaubnis deren Hab und Gut. Sie isst ihr Essen und schläft in ihren Betten. Viele Tyrannen verhalten sich ähnlich und benutzen unerlaubt die Sachen anderer, stehlen vielleicht die Bücher oder Stifte ihrer Klassenkameraden oder machen das Spielzeug ihrer Geschwister kaputt. Solche Tyrannen überlegen nicht, wie ihr Handeln auf andere wirkt.

ICH? EINE TYRANNIN?

Tyrannen denken nicht über ihr Handeln nach. Goldlöckchen zum Beispiel sieht sich wahrscheinlich als normales kleines Mädchen, das die Welt erkundet. Doch sie tyrannisiert die Bären, indem sie deren Privatsphäre missachtet und ihr Eigentum beschädigt. Sie erkennt nicht, dass ihr Handeln Folgen hat. Was werden die Bären zum Frühstück essen? Wer wird Baby Bärs Stuhl reparieren? Wer wird die Bettwäsche waschen, in der sie geschlafen hat?

WAS MIR GEHÖRT ... GEHÖRT EBEN MIR

- Wenn du solche Tyrannen triffst, versuche, mit ihnen über ihr Tun zu sprechen. Erkläre ihnen, dass sie zuerst um Erlaubnis fragen müssen, bevor sie Dinge benutzen, die ihnen nicht gehören. Vielleicht ist ihnen nicht bewusst, dass ihr Verhalten anderen Menschen schadet.

- Wenn der Tyrann nicht aufhört, verstecke etwas Kleines, das ihm gehört, und gib es ihm später zurück. Diese Lektion macht ihm vielleicht klar, wovon du sprichst.

- Wenn die Person droht, dir wehzutun, falls du sie eine deiner Sachen nicht benutzen lässt, dann erlaube es ihr. Erzähle aber einem Erwachsenen, was passiert ist, damit er dir helfen kann.

DER WOLF IN *ROTKÄPPCHEN*

EINER DER GRÖSSTEN UND BÖSESTEN WÖLFE DER WELT IST DER WOLF, DER ROTKÄPPCHEN TYRANNISIERT.

Eines Tages sah der Wolf ein kleines Mädchen mit einem roten Käppchen auf dem Kopf allein durch den Wald spazieren. Er trickste sie aus, damit sie ihm sagte, wo das Haus ihrer Großmutter stand. Schnell rannte er zu der alten Frau, die fast blind war, und gab sich als ihre Enkelin aus. Er verschlang die Großmutter, zog sich ihr Nachthemd an, setzte ihre Haube auf und kroch in ihr Bett. Kurz darauf traf Rotkäppchen ein. Sie spürte sofort, dass etwas nicht stimmte. *„Großmutter, was hast du nur für haarige Arme!"*, rief sie. *„Und was für große Augen! Und so scharfe Zähne!"* *„DAMIT ICH DICH BESSER FRESSEN KANN, MEIN LIEBES!"*, brüllte der Wolf, sprang aus dem Bett und verschlang das Mädchen mit Haut und Haar. Daraufhin wurde er sehr schläfrig. Also legte er sich hin und machte ein Nickerchen. Doch er schnarchte so laut, dass ein Jäger es hörte, ins Haus kam und ihn erschoss. ROTKÄPPCHEN UND GROSSMUTTER SPRANGEN WOHLBEHALTEN AUS DEM BAUCH DES WOLFS und dankten dem Jäger dafür, dass er ihnen das Leben gerettet hatte.

SCHÖN, DASS DU MIR AUF DEN LEIM GEHST, LIEBES!

Der große böse Wolf verkleidete sich, um Großmutter und Rotkäppchen hereinzulegen, ihr Vertrauen zu gewinnen und sie dann zu verschlingen.

Es gibt Bösewichte, die sich genau wie der große böse Wolf ALS ETWAS ANDERES AUSGEBEN, ALS SIE SIND, UM IHRE OPFER IN DIE FALLE ZU LOCKEN.

Das können Klassenkameraden oder Leute aus deinem Sportverein sein, aber auch Menschen, die im Internet gefälschte Profile oder falsche Benutzernamen verwenden, um dich glauben zu machen, dass sie deine Freunde sind oder Personen, die du kennst.

HÜTE DICH VOR DEM WOLF!

Du weißt bestimmt, dass du nicht mit Fremden sprechen sollst. Das ist ein guter Rat, für die reale Welt und online. Bevor du jemandem vertraust, frage dich, was du wirklich über ihn weißt. Wer sitzt da auf der anderen Seite? Hast du die Person schon mal getroffen oder erfindet sie möglicherweise Dinge, um dein Vertrauen zu gewinnen?

Wenn du nicht viel über eine Person weißt, DANN ERZÄHLE IHR AUCH NICHT ZU VIEL ÜBER DICH. Sie könnte das ausnutzen.

ERSCHNÜFFLE DIGITALE WÖLFE

- Wenn du im Internet bist, gib nicht zu viele persönliche Informationen preis. Halte Dinge wie Telefonnummer, Adresse, Schule und Aktivitäten geheim. Es gibt Fremde, die diese Informationen benutzen könnten, um dir zu schaden.

- Überlege zweimal (lieber drei- oder viermal), ob du Bilder oder Videos online teilen willst. Sind sie erst im Internet, kann jeder sie sehen, kopieren und auf anderen Webseiten und in sozialen Medien verbreiten. Und das, ohne dich um Erlaubnis zu fragen – was in Zukunft üble Folgen für dich haben könnte!

- Erzähle deinen Eltern sofort, wenn jemand, den du nicht kennst, dir online Nachrichten schickt, Dinge über dich postet oder Fotos von dir teilt. All dies ist nicht in Ordnung, und deine Eltern müssen sofort davon erfahren.

WAS, WENN DU SELBST DER TYRANN BIST?

In diesem Buch hast du viele verschiedene Arten von Tyrannen und Bösewichten kennengelernt. Einige davon sind tief im Inneren gut, wie etwa Goldlöckchen und Tinkerbell. Solche Übeltäter müssen nur ein wenig über ihr Handeln nachdenken, um ihr Fehlverhalten zu erkennen. Mit ein bisschen Hilfe können sie sich ändern und in kürzester Zeit von Bösewichten zu Freunden werden.

BIST DU SCHON MAL EIN ÜBELTÄTER GEWESEN?

Nimmst du dir das Handy eines Freundes, ohne um Erlaubnis zu bitten? Hänselst du andere wegen ihres Aussehens? Postest du online Verletzendes über Schulfreunde oder -freundinnen? Vielleicht hast du manches nur als Scherz gemeint, aber was, wenn du anderen mit deiner Verhaltensweise wehtust? Wenn du merkst, dass du etwas falsch gemacht hast, nimm am besten all deinen Mut zusammen und entschuldige dich. Und: Stelle sicher, dass du dasselbe nie wieder tust. Andernfalls wollen deine Freunde vielleicht nicht mehr deine Freunde sein.

EIN TYRANN ZU SEIN IST NICHT SCHÖN

Wenn du erkennst, dass du dich wie ein Tyrann verhalten hast, weißt du auch, dass es an der Zeit ist, damit aufzuhören. Aber wie?

- Zum einen könnte es helfen, wenn du mit einer neuen Freizeitaktivität oder einem Sport beginnst. Suche dir etwas, das du noch nie zuvor ausprobiert hast. Körperliche Aktivität und Kontakt zu anderen können dir helfen, aufgestaute Energien und Emotionen abzubauen, wodurch du wiederum negativem Verhalten Einhalt gebietest, bevor du damit beginnst.

- Überlege auch: Was wäre, wenn du an der Stelle deiner Opfer wärst? Würde es dir gefallen, behandelt zu werden wie sie? Wenn du wieder einmal kurz davor bist, jemanden zu kränken, zähle zuerst bis zehn. Beruhige dich, bevor du jemanden verletzt oder sein Eigentum anrührst. Du wirst merken, dass sich dein Verhalten so von Tag zu Tag bessert.

- DENKE DARAN, DASS DU ECHTEN FREUNDEN NICHTS BEWEISEN MUSST. Du musst nicht stärker sein oder besser aussehen, um bei ihnen gut anzukommen. Du bist einzigartig, und wenn deine Freunde dich nicht so mögen, wie du bist, dann ist es an der Zeit, dass du dir neue Freunde suchst.

WENN JEMAND ANDERS DAS OPFER IST

ES IST WICHTIG, DASS DU DEM OPFER BEISTEHST.

Wenn Freunde erzählen, dass jemand etwas Gemeines oder Beleidigendes zu ihnen gesagt hat, ermutige sie, darauf zu reagieren. Wenn du siehst, dass jemand geschlagen oder bedroht wird, egal ob in der Schule oder woanders, benachrichtige sofort einen Lehrer oder ein Elternteil.

ES IST SEHR WICHTIG, DASS DU SOFORT JEMANDEM ERZÄHLST, WAS PASSIERT. SCHWEIGST DU, HAT DER ÜBELTÄTER GEWONNEN.

WIR BRAUCHEN MEHR ROBIN HOODS!

AN DIESEN ANZEICHEN KANNST DU ERKENNEN, DASS DEINE FREUNDE GEMOBBT WERDEN:

- Sie sind immer traurig oder gehen nicht mehr so gern in die Schule wie früher.
- Sie haben kaum noch Lust zu spielen.
- Sie nehmen jeden Tag einen anderen Heimweg.
- Ihre Noten werden neuerdings immer schlechter.
- Sport oder andere Aktivitäten interessieren sie nicht mehr.
- Ihre Sachen – Hefte, Stifte, Handy, Rucksack usw. – verschwinden regelmäßig.

HILF DEINEM FREUND/DEINER FREUNDIN

- Sprich mit deinem Freund oder deiner Freundin. Erkläre, dass er auf dich zählen kann. Ermutige ihn, seinen Eltern oder einem anderen Erwachsenen von dem Mobbing zu erzählen.
- Wenn er oder sie sich schämt oder Angst hat, darüber zu sprechen, dann tu du es für ihn oder sie. Denke daran, dass die Erwachsenen auf deiner Seite sind. Wenn du mit ihnen redest, bedeutet das nicht, dass du deinen Freund oder deine Freundin verrätst, sondern dass du jemandem hilfst, um den du dich sorgst. Erwachsene können nicht helfen, wenn sie nicht wissen, was vor sich geht.

DENKE DARAN: NUR WENN WIR ZUSAMMENHALTEN, KÖNNEN WIR DEN MOBBERN DAS HANDWERK LEGEN!

DAVIDE ORTU

lebt in Spanien. Zu Beginn seiner beruflichen Tätigkeit arbeitete er als Grafiker in der Werbebranche. 2008 zog er nach Madrid und entdeckte seine Begeisterung für das Illustrieren von Kinderbüchern. Im Laufe seiner Karriere hat er zahlreiche Bücher illustriert, viele davon für White Star.

ELEONORA FORNASARI

lebt in einem Haus auf dem Land, umgeben von Eichhörnchen und Büchern – von denen sie einige selbst geschrieben hat! Schon in sehr jungen Jahren entdeckte sie ihre Leidenschaft für das Schreiben. Bis heute macht es ihr Freude, unzählige Tage- und Notizbücher mit kreativen Geschichten und fiktiven Figuren zu füllen. Sie schreibt auch für das Fernsehen. Heute verfasst sie Drehbücher und lehrt an der Katholischen Universität in Mailand. Regelmäßig steigt sie ins Flugzeug, um die Welt zu bereisen, doch ihr Lieblingsland ist immer noch das Reich der Fantasie.

WS Kids
WHITE STAR KIDS
White Star Kids® ist eine eingetragene Marke von White Star s.r.l.

Piazzale Luigi Cadorna, 6
20123 Mailand, Italien
www.whitestar.it

Übersetzung: Anke Wellner-Kempf
Lektorat: Holger Möhlmann und Beate Bücheleres-Rieppel

ISBN 978-88-6312-504-7
1 2 3 4 5 6 25 24 23 22 21

Gedruckt in Polen